Luft holen!

Sieben Wochen ohne Panik

5. März bis 21. April 2025

7 WOCHEN OHNE

Die Fastenaktion der evangelischen Kirche

edition chrismon

Liebe Mitfastende,

am Meer zu stehen und im Rhythmus der anbrechenden Wellen die salzige Luft zu atmen, wie gut tut das! Vom ersten bis zum letzten Atemzug – unser ganzes Leben hängt davon ab, dass wir Luft holen. Rund 20 000 Mal am Tag atmen wir ein und aus, versorgen unseren Körper mit Sauerstoff, beeinflussen unseren Herzschlag und sogar die Stimmung.

Dabei leben wir in atemlosen Zeiten. Gewalt und Hass sorgen uns. Panik verbreitet sich und treibt uns in die Enge. Eine Sprache der Daueremporung macht uns taub. Immer schwerer wird es, ruhig zu atmen und sich dieser Überwältigung zu entziehen. Die Suche nach dem, was wir wirklich brauchen, die Frage nach den Quellen unseres Trostes und unserer Freude brauchen Zeiten des Luftholens. Am Meer oder anderswo. Ein- und ausatmen, nur das.

Der Mensch ist von Anbeginn eng verbunden mit dem Atem Gottes. Gottes Odem schuf in der Schöpfungsgeschichte aus dem Klumpen Erde den ersten Menschen. Ohne Gottes Atem wäre der Mensch tote Materie geblieben. Diesem Odem nachzuspüren, ihn wieder in sich aufzunehmen, braucht bewusste Zeit.

Sieben Wochen sind dafür eine gute Spanne: „Luft holen! Sieben Wochen ohne Panik". Die Wochenthemen der Fastenaktion führen Sie in eine Zeit, die quer zu der Atemlosigkeit unseres Alltags steht. Eine Zeit mit dem, der gekreuzigt wird und aufersteht. Jesus hat schon zu Lebzeiten für sich Rückzugsorte und bewusste Zeiten gefunden, um wieder mit Gottes Atem in Kontakt zu kommen. Folgen wir ihm darin in dieser Fastenzeit.

Schön, dass Sie dabei sind!

Ihr

RALF MEISTER, Landesbischof in Hannover
und Botschafter der Aktion „7 Wochen Ohne"

Andere treffen

Auf **www.7-wochen-ohne.de** finden Sie **interessante Veranstaltungen** und **FASTENGRUPPEN** und können selbst zu Treffen einladen. Auch auf Facebook können Sie sich jederzeit mit anderen Aktiven vernetzen.

TV-Eröffnung

Der **ERÖFFNUNGSGOTTESDIENST** der Fastenaktion findet am Sonntag nach Aschermittwoch statt: **9. März 2025** um **9.30 Uhr.** Das ZDF überträgt live aus der Kirche St. Martin in Nienburg/Weser.

Fastenmails

Einmal die Woche erreicht Sie ein Impulstext zum **Wochenmotto.** Persönlich, anregend, theologisch fundiert. Kostenloses Abo unter **www.7-wochen-ohne.de**

Für Gemeinden

Mit dem **Themenheft ZUTATEN** setzen Sie das Fastenmotto in der Gemeinde um. Darin: Gottesdienstentwurf, Andachtsimpulse, Ideen für Jugendgruppen, Filmtipps. **www.7-wochen-ohne.de**

Infos und Kontakt

www.7-wochen-ohne.de
069/580 98-247
info@7-wochen-ohne.de
facebook.com/7wochenohne
instagram.com/7wochenohne

Wochenthemen

1 FENSTER AUF

(Genesis 2,7) „Luft holen“ lautet das Motto dieser Fastenzeit, deshalb müssen als Erstes die Fenster auf. Dann strömt die Luft schon ganz von allein in uns ein – und wieder aus. Spüren wir dem Rhythmus des Lebens nach, der uns immer wieder neu mit dem Atem Gottes verbindet.

Leichter im Kopf

Fasten ist viel mehr als Verzicht. Die Wochen zwischen Aschermittwoch und Ostern laden dazu ein, einmal durchzuatmen. Dem Leben wieder auf die Spur kommen. Was braucht es wirklich, damit es mir und meinen Mitmenschen gut geht? Was ist nur Ballast? Leichter werden im Kopf – **„7 Wochen Ohne“, die Fastenaktion der evangelischen Kirche,** *lädt seit mehr als 40 Jahren dazu ein. Millionen Menschen machen mit. Jedes Jahr steht die Aktion unter einem neuen Motto. Diesmal:* **„Luft holen! Sieben Wochen ohne Panik“.** *Dieser Kalender begleitet Sie. Immer mittwochs beginnt die neue Fastenwoche mit einer Bibelstelle, gefolgt von einer Auslegung am Tag darauf. Und die Sonntage duften – atmen Sie tief ein!*

2 SEUFZEN

(Römer 8,26) Vor dem Einatmen steht immer das Ausatmen. Altes, Verbrauchtes muss man rauslassen, um wieder offen zu sein für Neues. Manches aber liegt so schwer im Magen und lässt sich kaum aussprechen. Dann braucht es tiefe, inbrünstige Seufzer. Die wirken wie ein Gebet und lösen die Anspannung.

3 SINGEN *(Jona 2,3–11)*

Jona singt, als er im Bauch des Fisches gefangen ist. Und macht vor, wie man seiner Verzweiflung Ausdruck verleihen kann, um mit ihr umgehen zu können. Singen gegen die Panik. Oder mit ihr? Es gibt unzählige Möglichkeiten, die Stimme zu erheben. Mitzuteilen, was in einem steckt. Jona sang sich übrigens in die Freiheit hinein.

4 FRISCHER WIND

(Johannes 20,21–22) Manchmal steht die Luft, nichts geht voran. Wie gut es dann tut, frischen Wind reinzulassen: andere Meinungen anhören, einen Ortswechsel wagen, sich inspirieren lassen von neuen Ideen. Jesus bringt in die abgeschottete Gruppe seiner Jünger diesen Windstoß – und auf einmal können sie ausfliegen.

5 DICKE LUFT

(Markus 14,3–5) Wir alle atmen dieselbe Luft – aber zuweilen ist die regelrecht verpestet. Von Anschuldigungen, Aggressionen, alten Verletzungen. Man kann über alles streiten, auch darüber, wie man mit kostbarem Öl umgeht. Aber man muss sich nicht gegenseitig fertigmachen.

6 RUHE FINDEN

(Markus 4,37–39) Ruhig zu bleiben, ist schwer, wenn die Wellen im Boot hochschlagen. Aber auch, wenn es still um einen ist, kann es sein, dass die Gedanken im Kopf weiterlärmen. Innere Ruhe ist ein köstlicher Zustand, und es lohnt sich, immer wieder danach zu suchen.

7 OSTERWUNDERLUFT

(Psalm 104,30) Die Karwoche ist voller Schmerz, doch durch diese Tage weht auch ein Hauch von Wunder. Ostern liegt in der Luft. Und die Hoffnung darauf, dass der Atem Gottes es durch alle Ritzen schafft. Und immer wieder ein Neuanfang möglich ist.

F E N S T E R A U F

*Da machte Gott der Herr den Menschen aus **Staub von der Erde** und blies ihm den **Odem des Lebens** in seine Nase. Und so ward der Mensch ein **lebendiges Wesen.***

GENESIS 2,7 (Lutherbibel 2017)

5. MÄRZ 2025 / ASCHERMITTWOCH 1. WOCHE

6.

MÄRZ
2025

Fenster auf

1. WOCHE • DONNERSTAG

WILLKOMMEN IN DER ERSTEN FASTENWOCHE

Der erste menschliche Atemzug. Mit ihm starten wir in diese Fastenzeit. In der Bibelstelle vom Vortag erweckt Gott den Menschen zum Leben. Verleiht ihm Neugier, Schwung, Kreativität. Das alles steckt in seinem Odem – dem Atem Gottes, der auch uns belebt. Nicht nur am Anfang des Lebens. Wir atmen ja alle paar Sekunden ein, am Tag fast dreizehntausend Liter Luft. Jeder dieser Atemzüge kann uns an den ersten göttlichen Hauch erinnern. Mensch, hol Luft! Wir müssen gar nicht viel tun: Fenster aufmachen und die frische Luft einströmen lassen. Sie macht uns lebendig, immer wieder neu.

STEFANIE SCHARDIEN und Martin Vorländer heißen Sie im Wechsel jeden Donnerstag willkommen in der neuen Fastenwoche. Beide sind evangelische Theologen.

7.

MÄRZ 2025

Fenster auf

1. WOCHE • FREITAG

OFT WAR ES NOCH DUNKEL, wenn ich als Krankenschwester frühmorgens in die Patientenzimmer kam. Leises Schnarchen, abgestandene, verbrauchte Luft. Statt das Licht anzuknipsen, machte ich immer erst das Fenster auf. Im Winter nur ein wenig, im Sommer ganz weit. Ich wartete, dass der frische Sauerstoff sich im Zimmer verteilt. Und atmete selbst erst mal tief durch. Ich wusste, der Start in den Tag war für viele hier nicht leicht. Mit dem Aufwachen holte sie alles wieder ein: der schlimme Befund, die schmerzenden Gelenke, die Angst vor der Operation. Der leichte Luftzug, der sich den Weg in die Lungen bahnte, bevor der Geist richtig wach ist, wusste das auch, schien mir. Ja, er kündigte den Tag mit seiner Mühsal an. Aber er gab zugleich auch einen Schuss Mut und Lebenskraft mit. Ein kleiner Hauch von: Es wird gehen. Irgendwie.

HANNA LUCASSEN

8.
MÄRZ 2025

Fenster auf

1. WOCHE • SAMSTAG

Morgen, 9.30 Uhr im ZDF: Eröffnungsgottesdienst unserer Fastenaktion

TIEFE ATEMZÜGE *sind wie kleine Liebesbriefe an den Körper.*

Und an die Seele, die sich ebenso sehnt. Schicken Sie sich möglichst viele am heutigen Weltfrauentag!

9.
MÄRZ
2025

Fenster auf

1. WOCHE • SONNTAG INVOKAVIT

SONNTAGSDUFT • SONNTAGSDUFT • SONNTAGSDUFT • SONNTAGSDUFT • SONNTAGSDUFT •

Ein Atemzug Neuanfang

Dieser Sonntag
schenkt dir den Duft
frisch gewaschener Wäsche
in der Sonne.
Riechst du ihn?

das fenster öffnen

das fenster müssen wir öffnen
der sonne entgegen
immer wieder das fenster öffnen
aus den zimmern enger häuslichkeit
für kalten und warmen wind
dem mond entgegen
immer wieder das fenster öffnen
da ist eine luft – eine fremde
dem leibschweren atem duftend
gruß der sternenwelt
ihm das fenster öffnen
der behaglichkeit zum trotz
das unbehauste hereinbitten
das fenster zumindest das fenster
auftun
in der weite zu hause sein

MARKUS FELLINGER

10.
MÄRZ
2025

Fenster auf

1. WOCHE • MONTAG

11.
MÄRZ
2025

Fenster auf

1. WOCHE • DIENSTAG

*Ihr seid nicht in **euren Körper** eingeschlossen, noch an die Felder oder Häuser gebunden. Das, was ihr seid, wohnt über dem Berg und treibt **mit dem Wind.***

KHALIL GIBRAN

Denn wir wissen nicht, was wir beten sollen, wie sich's gebührt, sondern der Geist selbst tritt für uns ein mit unaussprechlichem Seufzen.

RÖMER 8,26 (Lutherbibel 2017)

12.
MÄRZ
2025

MITTWOCH
2. WOCHE

SEUFZEN

13.

MÄRZ 2025

Seufzen

2. WOCHE • DONNERSTAG

WILLKOMMEN IN DER ZWEITEN FASTENWOCHE

„Seufz!" heißt es in der Comicsprache – und in dieser Woche. Seufzen entlastet. Man kann rauslassen, was gerade nervt, stresst, schwer auf der Seele liegt. Schluchzende Kinder machen es vor: Sie atmen lange und inbrünstig aus. Seufz! Jedes Mal löst sich ihre Anspannung ein wenig mehr. Und irgendwann legt sich Ruhe über sie. Wie bei einem Gebet. Denn Seufzen bleibt nicht im luftleeren Raum. Es richtet sich an ein Gegenüber. Die Stoßseufzer „Oje!" und „Herrje!" etwa bedeuten ausgeschrieben „O Jesus!" und „Herr Jesus!". Für manches haben wir keine Worte oder können diese nicht aussprechen. Die Bibelstelle vom Vortag versichert uns: Es geht auch ohne.

MARTIN VORLÄNDER und Stefanie Schardien heißen Sie im Wechsel jeden Donnerstag willkommen in der neuen Fastenwoche. Beide sind evangelische Theologen.

Die Weltlage, die Kriege und Krisen machen das Herz oft schwer. *Jeder versucht, damit umzugehen. Ich gehe zu öffentlichen Friedensgebeten. Eine Bekannte hat sich im Baumarkt drei Ziegelsteine gekauft und in ihrer Wohnung aufgestellt.* **„Meine Klagemauer“,** *sagt sie und steckt nach Jerusalemer Art täglich ein paar Zettelchen in die Löcher und Ritzen: Bitten, Klagen, Sorgen, Ängste, Hoffnungen:* **„Das Aufschreiben und Abgeben ist Gebet für mich.“** *Denn sie spüre dabei, dass sie nicht alles alleine tragen muss.*

MARLIES FRICKE

Der Mensch
Der sich die Angst erdachte
Schaute sich sein Werk an, lachte
Und sprach
Ich hoff, es fällt nicht auf
Dass sie nur wirkt
Wenn man dran glaubt

MAX RICHARD LESSMANN

15.
MÄRZ
2025

Seufzen

2. WOCHE • SAMSTAG

16. MÄRZ 2025

Seufzen

2. WOCHE • SONNTAG REMINISZERE

SONNTAGSDUFT • SONNTAGSDUFT • SONNTAGSDUFT • SONNTAGSDUFT • SONNTAGSDUFT • SONNTAGSDUFT •

Ein Atemzug Geborgenheit

Der heutige Sonntag schenkt dir den Duft eines knisternden Feuers. Riechst du ihn?

AUFHEBUNG

ERICH FRIED

Sein Unglück
ausatmen können

tief ausatmen
so daß man wieder
einatmen kann

Und vielleicht auch sein Unglück
sagen können
in Worten
in wirklichen Worten
die zusammenhängen
und Sinn haben
und die man selbst noch
verstehen kann
und die vielleicht sogar
irgendwer sonst versteht
oder verstehen könnte

Und weinen können

Das wäre schon
fast wieder
Glück

17.
MÄRZ
2025

Seufzen

2. WOCHE • MONTAG

Man kann sich auch SELBST aus etwas entlassen.

INES GEIPEL war als junge Frau Leistungssportlerin in der DDR und arbeitet heute als Schriftstellerin, Publizistin und Professorin für Verskunst.

19.

MÄRZ
2025

3. WOCHE

MITTWOCH

Der Prophet Jona wird von einem großen Fisch verschluckt. Im Bauch des Fisches betet er zu Gott und stimmt ein Lied an.

Aus dem Innern des Totenreichs rief ich um Hilfe.
Da hast du mein lautes Schreien gehört.
In die Tiefe hattest du mich geworfen.
Alle deine Wellen und Wogen –
sie schlugen über mir zusammen!
Da dachte ich: Jetzt bin ich verloren,
verstoßen aus deinen Augen.
Das Wasser stand mir bis zum Hals.
Du aber hast mein Leben aus dem Abgrund gezogen,
du Herr, du bist ja mein Gott.
Mein Gebet drang durch zu dir.
Hilfe findet sich beim Herrn!

Da befahl der Herr dem Fisch, Jona an Land zu bringen.
Dort spuckte der Fisch ihn aus.

JONA 2,3–11 in Auszügen (Basisbibel)

20.
MÄRZ 2025

Singen

3. WOCHE • DONNERSTAG

WILLKOMMEN IN DER DRITTEN FASTENWOCHE

Ganz schön gruselig, die Vorstellung, lebendig von einem großen Fisch verschluckt zu werden wie Jona in der Bibelstelle vom Vortag. Wir sind in der dritten Fastenwoche angelangt und werden mit unserem eigenen Panikpotenzial konfrontiert: Wann schnürt sich mir vor Angst die Kehle zu? Was tue ich dann, werde ich stumm oder laut? Jona im Fisch setzt seiner Panik etwas entgegen. Tief holt er Luft und stimmt ein Lied an. Er singt die Angst aus sich heraus. Ein gesungenes Gebet an Gott. Er legt alles hinein, was ihn verzweifeln, aber auch, was ihn hoffen und vertrauen lässt. Die Geschichte geht gut aus. Vor allem aber bringt uns Jona bei: Was mich verzweifeln lässt, muss heraus. Mit wütendem Gebrüll? Zuweilen funktioniert ein Lied sogar besser.

STEFANIE SCHARDIEN

Es ist sehr gut denkbar,
dass die HERRLICHKEIT
DES LEBENS *um jeden*
und immer in ihrer ganzen Fülle
bereit liegt, aber verhängt,
in der Tiefe, unsichtbar,
sehr weit. Aber sie liegt dort,
nicht feindselig, nicht widerwillig,
nicht taub. RUFT MAN SIE
mit dem richtigen Wort, beim
richtigen Namen, DANN KOMMT SIE.
Das ist das Wesen der Zauberei,
die nicht schafft, sondern ruft.

FRANZ KAFKA
Tagebucheintrag vom 18. Oktober 1921

21.
MÄRZ 2025

Singen
3. WOCHE • FREITAG

Protestsong

Als ich in der zweiten Klasse war, hatten wir einen Vertretungslehrer, der viele von uns Kindern beleidigt hat. Er sagte zum Beispiel zu zwei Mädchen, die noch nicht so gut Deutsch konnten: „Geh in Rewe und kauf Tüte Deutsch für ein Geld." Ein anderes Mädchen hat er gedisst, weil es pummelig war. Und zu einem Mitschüler sagte er: „Deine Haut ist viel zu dunkel, du musst mal Bleichmittel nehmen." Irgendwann hat es uns allen gereicht, und als der Lehrer mal wieder in Fahrt war, hat einer von uns angefangen, „Die Gedanken sind frei" zu singen. Das hatten wir nämlich gerade von unserer Klassenlehrerin gelernt. Aber die Idee hatte der Junge ganz von selbst. Und dann haben alle aus der Klasse mitgesungen! Der Lehrer ist aus dem Zimmer raus – und als wir unserer Klassenlehrerin und der Schulleitung davon erzählt haben, durfte er an unserer Schule nicht wieder unterrichten.

JORIS, 11 JAHRE

22.
MÄRZ
2025

Singen

3. WOCHE • SAMSTAG

SONNTAGSDUFT • SONNTAGSDUFT • SONNTAGSDUFT • SONNTAGSDUFT • SONNTAGSDUFT •

Ein Atemzug Freude

Der heutige Sonntag schenkt dir den Duft einer soeben auf-geschnittenen Orange. Riechst du ihn?

23. MÄRZ 2025

Singen

3. WOCHE • SONNTAG OKULI

24.
MÄRZ
2025

Singen
3. WOCHE • MONTAG

Du meine Seele, ***singe***

PAUL GERHARDT

UND JETZT ALLE!

Und liegt dir was – schwer im Magen
könntest schreien, heulen, jammern, klagen – oh je-je-je
Schnürt dir die Wut die Kehle ein
Kriegst keine Luft und drohst schon zu – verdursten
Dann komm zu uns, zum Chorverein, da reichst du deine Klage ein
Der packt den Zorn in Töne ein – mit Lust den Frust – verwursten
Für alles – immer offen – Mund und Sprache, Augen und Ohr:
Der Frankfurter Beschwerdechor

Immer mittwochs trifft sich der Frankfurter Beschwerdechor, vertont und besingt Ärgernisse, welche die Mitglieder mitbringen: die hohen Mieten etwa, Ungerechtigkeit und Ohnmacht. Die Idee, sich den Frust von der Seele zu singen, kommt aus England und Finnland, dort gründeten sich ab 2005 die ersten Beschwerdechöre. Der Grundgedanke: Aus negativer Energie werde positive.
www.frankfurterbeschwerdechor.de

25.
MÄRZ
2025

Singen
3. WOCHE • DIENSTAG

Nach dem Kreuzestod von Jesus versammeln sich die Seinen im Haus. Aus Furcht vor Verfolgung haben sie alle Türen abgeschlossen. Auf einmal erscheint der auferstandene Jesus mitten unter ihnen und sagt:

Friede sei mit euch! Wie mich der Vater gesandt hat, so sende ich euch. *Und als er das gesagt hatte, blies er sie an und spricht zu ihnen:* ***Nehmt hin den Heiligen Geist!***

JOHANNES 20,21–22 (Lutherbibel 2017)

FRISCHER WIND

26. MÄRZ 2025 / 4. WOCHE MITTWOCH

27. MÄRZ 2025

Frischer Wind

4. WOCHE • DONNERSTAG

WILLKOMMEN IN DER VIERTEN FASTENWOCHE

Wir haben die Hälfte der Fastenzeit erreicht. Das Osterfest rückt näher, die Vorfreude steigt. Deshalb heißt der kommende Sonntag Lätare („Freut euch“) und wird auch „Klein-Ostern“ genannt. Mit dem Bibeltext vom Vortag wagen wir ebenfalls einen Sprung voraus. Der auferstandene Jesus trifft auf seine Jünger und Jüngerinnen. Ängstlich und mutlos haben die sich abgeschottet. Jesus gibt ihnen wieder Kraft und eine Perspektive, er sendet sie in die Welt. Das Sinnbild für den frischen Wind, den er bringt: Er pustet sie an. Ein bisschen seltsam, wenn ich mir das vorstelle. Aber es erinnert an die Szene, von der wir in der ersten Fastenwoche gelesen haben: Gott blies dem Menschen seinen Odem ein. Gottes Geistkraft belebt. Jeder Atemzug verbindet uns mit dieser Energie, und wir können sie auch weitergeben. Wenn der Wind uns diese Woche mal durchpustet? Freuen wir uns daran!

MARTIN VORLÄNDER

28.
MÄRZ
2025

Frischer Wind
4. WOCHE • FREITAG

LUST

Sie saßen in diesem feinen Restaurant
und sie gab dem Ober die Karte mit den
Worten zurück
Ich nehme gleich hier, diesen Mann
ohne Dressing
nur mit Pfeffer und Salz

und er räusperte sich
nahm seine Serviette, lachte still in sich hinein

so heiß kann ein Liebesmahl sein

KRISTIN JAHN

29.

MÄRZ
2025

Frischer Wind

4. WOCHE • SAMSTAG

Mikroabenteuer *Meine Kinder waren klein, ich war viel zu Hause, bei uns in Hamburg. Als ein alter Freund aus Berlin anrief, den ich lange nicht gesehen hatte, hörte ich mich spontan zu ihm sagen: „Pass auf, lass uns doch morgen frühstücken gehen am Brandenburger Tor, ich bin um 10 Uhr da, mit dem Fahrrad." Um 16 Uhr an diesem kalten Märztag fuhr ich los, um 22 Uhr wollte ich mir die Trinkflaschen noch mal auffüllen lassen, aber es kam keine Tankstelle mehr, nichts. Bis ich in einem Gewerbegebiet Stimmen vom Hintereingang einer schon dunklen McDonald's-Filiale hörte, die zwei Mitarbeiter schlossen gerade ab – auf den letzten Drücker füllten sie meine Flaschen auf. Ich kam tatsächlich in Berlin an, eine Stunde später als geplant. Wir frühstückten, ich fuhr mit dem Zug zurück und war nach insgesamt 24 Stunden wieder zu Hause. Mir tat alles weh, ich war völlig fertig. Natürlich war es eine bekloppte Idee, aber für mich auch eine grandiose, weil ich erkannte: Ich muss einfach nur raus und kann von der Haustür aus ein tolles Abenteuer erleben.*

CHRISTO FOERSTER

Okay, so sportlich wie Christo Foerster, der Bücher über Mikro- und andere Abenteuer schreibt, sind nicht viele. Aber einfach mal eine Stunde früher aufstehen und zu Fuß zur Arbeit laufen – das erfrischt auch ungemein!

SONNTAGSDUFT • SONNTAGSDUFT • SONNTAGSDUFT • SONNTAGSDUFT • SONNTAGSDUFT •

Ein Atemzug Freiheit

Dieser Sonntag schenkt dir den salzig-kühlen Duft des Meeres. Riechst du ihn?

30.
MÄRZ
2025

Frischer Wind

4. WOCHE • SONNTAG LÄTARE

DIE FÜNF FREIHEITEN

Die Freiheit,
zu sehen und zu hören, was ist,
anstatt das, was sein sollte, war oder sein wird

Die Freiheit,
zu sagen, was man fühlt und denkt,
anstatt zu sagen, was von einem erwartet wird

Die Freiheit,
das zu fühlen, was man fühlt,
und nicht das, was man fühlen sollte

Die Freiheit,
um das zu bitten, was man will,
anstatt immer auf Erlaubnis zu warten

Die Freiheit,
Risiken einzugehen, auf eigene Faust,
anstatt auf Nummer sicher zu gehen

Nach VIRGINIA SATIR
Die US-Amerikanerin gilt als Begründerin
der systemischen Familientherapie

31.
MÄRZ
2025

Frischer Wind
4. WOCHE • MONTAG

Ich kann
nicht lernen,
KEINE ANGST
zu haben,
aber ich kann
es üben.

WOLFGANG SCHMIDBAUER

1.
APRIL
2025

Frischer Wind
4. WOCHE • DIENSTAG

DICKE LUFT

*Und als er in Betanien war im Hause Simons
des Aussätzigen und saß zu Tisch,
da kam eine Frau, die hatte ein Alabaster-
gefäß mit unverfälschtem, kostbarem
Nardenöl, und sie zerbrach das Gefäß
und goss das Öl auf sein Haupt. Da wurden
einige unwillig und sprachen untereinander:
Was soll diese Vergeudung des Salböls?
Man hätte dieses Öl für mehr als dreihundert
Silbergroschen verkaufen können und das Geld
den Armen geben. Und sie fuhren sie an.*

MARKUS 14,3–5
(Lutherbibel 2017)

2. APRIL 2025 / 5. WOCHE MITTWOCH

3.

APRIL
2025

Dicke Luft

5. WOCHE • DONNERSTAG

WILLKOMMEN IN DER FÜNFTEN FASTENWOCHE

Ist doch irgendwie beruhigend: Schon zu Jesu Zeiten werden Meinungsverschiedenheiten nicht immer vernünftig ausdiskutiert. Das zeigt die Bibelstelle vom Vortag. Auch damals poltern Menschen los, weil sie nur ihre eigenen Ansichten für richtig halten. Oder wohlwollender formuliert: weil ihnen etwas sehr wichtig ist. Die Jünger finden es empörend, dass Geld verschwendet wird. Nachvollziehbar, aber müssen sie die Frau mit dem Öl gleich anfahren? Die fünfte Fastenwoche führt uns zu einer schwierigen, aber wichtigen Unterscheidung: Wann müssen wir sofort laut widersprechen? Und wann sollten wir erst mal tief durchatmen und abwarten? Zuhören, was die andere Seite zu sagen hat, nachfragen? Keine Angst vor dicker Luft, die entsteht, wenn verschiedene Meinungen aufeinanderprallen! Nur dran denken: Sie vernebelt schnell die Sicht auf das Gegenüber. Man sieht dann nicht immer ganz klar.

STEFANIE SCHARDIEN

MEIN GROSSVATER war ein kluger Mann. Einmal, als meine Oma auf ihn sauer war, sprach sie nicht mehr mit ihm, zur Strafe. Mein Opa kramte in allen Schubladen und suchte etwas. Genervt davon fragte die Oma: „Was suchst du denn da?" Opa antwortete: „Na, Gott sei Dank, ich hab' sie gefunden!" „Was denn?", fragte sie neugierig nach. Er sagte: „DEINE STIMME."

JÖRG MÜLLER

4.

APRIL
2025

Dicke Luft

5. WOCHE • FREITAG

5.

APRIL
2025

Dicke Luft

5. WOCHE • SAMSTAG

Der Ärger ist als Gewitter, nicht als Dauerregen gedacht.

Er soll die Luft reinigen und nicht die Ernte verderben.

ERNST R. HAUSCHKA

6. APRIL 2025

Dicke Luft

5. WOCHE • SONNTAG JUDIKA

SONNTAGSDUFT • SONNTAGSDUFT • SONNTAGSDUFT • SONNTAGSDUFT • SONNTAGSDUFT •

Ein Atemzug Klarheit

Dieser Sonntag schenkt dir den Duft gerösteter Kaffeebohnen. Riechst du ihn?

7.

APRIL
2025

Dicke Luft

5. WOCHE • MONTAG

Jedes Ding hat DREI SEITEN.
Eine, die DU siehst, eine,
die ICH sehe, und eine,
die WIR BEIDE nicht sehen.

Das Foto zeigt den Braunkohle-Tagebau Garzweiler in Nordrhein-Westfalen.
Gegen den Abriss des Dorfes Lützerath kam es hier im Januar 2023
zu zahlreichen Protesten.

Ich sehne mich,
genauso wie du,
nach Freiheit
und Luft.

ANNE FRANK

8.
APRIL
2025

Dicke Luft

5. WOCHE • DIENSTAG

RUHE FINDEN

9\.
APRIL
2025

6\. WOCHE
MITTWOCH

Jesus fährt mit den
Seinen in einem Boot über
den See Genezareth,
als ein Sturm aufkommt:

Und es erhob sich ein großer Windwirbel, *und die Wellen schlugen in das Boot, sodass das Boot schon voll wurde. Und er war hinten im Boot und schlief auf einem Kissen.* ***Und sie weckten ihn auf*** *und sprachen zu ihm: Meister, fragst du nichts danach, dass wir umkommen? Und er stand auf und bedrohte den Wind und sprach zu dem Meer: Schweig! Verstumme!* ***Und der Wind legte sich und es ward eine große Stille.***

MARKUS 4,37–39 (Lutherbibel 2017)

WILLKOMMEN IN DER SECHSTEN FASTENWOCHE

Die Welt ist aus den Fugen, das beschreibt die Bibelstelle vom Vortag. Wellen, Windwirbel von allen Seiten. Das Wasser steht im Boot. Und Jesus? Ist die Ruhe selbst, verschläft die Panik um ihn herum. Selbst als die anderen ihn wecken, lässt er sich von der Aufregung nicht anstecken. Mit einer Geste und mit zwei Wörtern besänftigt er Wind und Meer. Die Welt ist aus den Fugen, das denke ich selbst manchmal. Wenn ich die Nachrichten höre. Wenn es drunter und drüber geht in meinem Leben. Wie kann ich trotzdem innerlich ruhig bleiben – und damit handlungsfähig? Mir hilft, mich zu besinnen: Es gibt Gottes Kraft, die Stürme stillen kann. Vielleicht schläft sie, aber ich kann sie wecken.

MARTIN VORLÄNDER

11. APRIL 2025

Ruhe finden

6. WOCHE • FREITAG

Die Welt
ist voller **REISEWUT,**
indes zu Haus
der **WEISE RUHT.**

EUGEN ROTH

Ausatmen

CHRISTA SPILLING-NÖKER

12. April 2025

Ruhe finden

6. WOCHE • SAMSTAG

Wenn der Abend kommt
und die Stille sich
über das Land senkt,
dann nimm dir Zeit
für dich selbst:

Atme die Unruhe
des vergangenen Tages aus
und schicke deine Sorgen
und alles, was dir Angst macht,
empor zu den Sternen,
die dich vom Himmel her
mit leisem Glänzen grüßen.

Atme das Schweigen
der Bäume ein
und fülle dich
Atemzug um Atemzug
mit der Ruhe
der Nacht,
bis deine Seele
Frieden
gefunden hat.

13.

APRIL
2025

Ruhe finden

6. WOCHE • SONNTAG PALMARUM

SONNTAGSDUFT

Ein Atemzug Ruhe

Dieser Sonntag schenkt dir den Duft von lila blühendem Lavendel. Riechst du ihn?

Dieser Kerl!

*„Es ist genug“, sagt dieser Kerl, der seit Tagen auf
meiner Fensterbank sitzt und behauptet,
er sei ein Engel. „Es ist genug“, sagt er und nickt
mir aufmunternd zu. Ich weiß nicht, woher
er das weiß, aber er sagt es zu allem:
zu einem Text, mit dem ich hadere. Zu einem
Geburtstagsbuffet, das nicht reichen könnte.
Zu meinen Kontoauszügen. Zu meiner Sorge,
keinen Schlaf zu bekommen und unausstehlich
zu sein. Zu all den halbfertigen Sachen,
dem bisschen Klavierspiel, den sporadischen
Gebeten in der Nacht. Er sagt es zu meinem
regelmäßig auftauchenden schlechten Gewissen.
Zu meiner bangen Frage, ob ich nicht alles
hätte ganz anders machen sollen. „Es ist genug.“
Das Merkwürdige ist, immer passt dieser Satz.*

SUSANNE NIEMEYER

14.
APRIL
2025

Ruhe finden
6. WOCHE • MONTAG

15. APRIL 2025

Ruhe finden

6. WOCHE • DIENSTAG

Den Tisch decken. Den Rasen mähen. Das Kind wiegen.
Alles ohne Angst.
Nähen und flicken. Zeitung lesen. Pläne machen. Schlafen.
Ohne Angst. Ohne Unterbrechung.
Den Hund streicheln. Im Chor singen. Küssen. Duschen.
Ohne Angst. Ohne Schüsse. Ohne Sirenen.
Klavier üben. Backen. Es warm haben. Vertrauen. Leben.
Friede. Sehnliches Gebet.

CHRISTINA BRUDERECK

FRIEDEN

OSTERWUNDERLUFT

Schickst du deinen
***Lebensatem** aus, dann wird*
wieder neues Leben geboren.
So machst du das
Gesicht der Erde neu.

PSALM 104,30 (Basisbibel)

16.
APRIL 2025

MITTWOCH
7. WOCHE

17. APRIL 2025

Osterwunderluft

7. WOCHE • GRÜNDONNERSTAG

WILLKOMMEN IN DER SIEBTEN FASTENWOCHE

Es wird ernst. Die Karwoche hat begonnen, und die ist voll von tiefen Gefühlen: Verlust, Enttäuschung, Angst vor dem Tod. Am Ende der Woche wartet auf uns das Osterwunder: Das Leben siegt trotz aller Ausweglosigkeit. Die Hoffnung darauf weht durch die Bibelstelle vom Vortag. Diese steht in einem Psalm des Alten Testaments und beschreibt: Gottes Lebensatem weckt zu neuem Leben. Sogar da, wo wir denken: Nichts geht mehr. Da dringt Gottes Schöpfungsenergie durch die Ritzen unserer Resignation. Osterwunderluft – die spüren wir, wenn wir neuen Mut schöpfen. Wenn wir merken: Ich bin nicht allein. Osterwunderluft weht, wenn wir glauben oder zumindest nicht ausschließen: Wunder geschehen.

MARTIN VORLÄNDER

18.

APRIL
2025

Osterwunderluft

7. WOCHE • KARFREITAG

Gelähmt und trotzdem gehend,
blind und trotzdem sehend,
taub und trotzdem hörend –

das ist ein Mensch, der trauert.

MARINA SZCZECINSKI

19.

APRIL
2025

Osterwunderluft

7. WOCHE • KARSAMSTAG

Karsamstag. Noch einmal tief Luft holen, die To-do-Liste ist lang heute. Einkaufen, am besten gleich morgens früh, den Hefezopf kneten, die Eier färben, der Boden sollte auch noch gewischt werden … Tun Sie, was sein muss. Schritt für Schritt, ohne Panik. Aber abends, wenn es dunkel wird, legen Sie die Liste weg, egal, wie viel noch draufsteht. Setzen Sie sich an ein Osterfeuer. In dieser Nacht brennen sie überall Auch die Kerze am Küchentisch kann eines sein. Bleiben Sie einfach sitzen und schauen Sie in die Flammen. Feuer ist das Symbol für Verwandlung. Die Osternacht hat begonnen. Auch für Sie.

In dieser Nacht endet offiziell die Fastenzeit.
Wir wünschen Ihnen schöne, helle Ostertage und bleiben verbunden.
Ihr Team von „7 Wochen Ohne“

Osterwunderluft

7. WOCHE • OSTERSONNTAG

Leise,
wie ein hauchzartes Tuch
legt sich das Glück über meine Seele
Durchscheinend
die Schmerzen der Vergangenheit
und doch

wie von zärtlicher Hand bedeckt
mit dem Atem
DEINER Gegenwart.

DORIS REIBERT

Auf der Schaukel schweben
Mit den Lerchen steigen
Sonne atmen
in den Lüften stehn

das Gesicht in Blüten tauchen
zarte Farben schmecken
***Atem holen** über jungem Grün*

Wonnen fühlen zum Zerspringen
jauchzen mit der Nachtigall
tanzend über Wiesen gehen
*neuer Mensch sein – **auferblühn!***

REGINA GIESE

21.
APRIL
2025

Osterwunderluft

7. WOCHE • OSTERMONTAG

DAS TEAM

DIE BIBELSTELLEN

MARTIN VORLÄNDER

holt jeden Morgen zum Sonnenaufgang ausgiebig Luft, wenn er mit dem Hund läuft. Der Theologe lebt in Frankfurt am Main, er ist Senderbeauftragter für Deutschlandradio und Deutsche Welle und gehört zum Kuratorium von „7 Wochen Ohne", das die Fastenmottos auswählt.

STEFANIE SCHARDIEN

steigt gern auf Berge und genießt die gute Luft im Allgäu. Die ehemalige „Wort zum Sonntag"-Sprecherin ist Theologische Geschäftsführerin des Gemeinschaftswerks der Evangelischen Publizistik (GEP) und Kuratoriumsvorsitzende von „7 Wochen Ohne". Sie lebt in Fürth.

REDAKTION UND PRODUKTION

Zugegeben, Frankfurt am Main ist nicht unbedingt bekannt für seine frische Brise. Aber die Bankentürme versammeln sich alle in der Innenstadt, und unser Arbeitsplatz, das Gemeinschaftswerk der Evangelischen Publizistik, liegt am nördlichen Stadtrand. Hier ist es fast ein bisschen ländlich. Unser Hinterausgang führt auf eine kleine grüne Wiese – für das Luftholen während der Kalenderproduktion ideal! Und ebenso für den Fototermin kurz vor Schluss: Hanna Lucassen (Textredaktion), Lena Gerlach-Perrot (Grafik), Lena Uphoff (Fotoredaktion), Andrea Wicke (Schlussredaktion), Frank Muchlinsky (Fastenmails), Dorothee Hörstgen (Fotoredaktion), Dirk Artes (Art-Direktion), Frauke Grothe (Leitung der Geschäftsstelle). Auf dem Bild fehlen Christine Nürnberger und Steffi Spitzer, die für die Homepage und Social Media zuständig sind.

HINTER DER KAMERA

DORO ZINN

1. Woche

Doro Zinn studierte Politik und Psychologie, bevor sie Fotografin wurde. Sie wohnt in Berlin und arbeitet unter anderem für Magazine und Zeitungen. Für die „tageszeitung" fotografierte sie den Maultrommelspieler Gerd Conradt (6. 3.) und den Tatort-Schauspieler Jonathan Kwesi Aikins (8. 3.): „Er tanzte und ich fing seine Bewegungen ein."

www.dorozinn.com

HELENA SCHÄTZLE

2. Woche

Die Fotojournalistin Helena Schätzle aus Kassel lebt immer wieder in anderen Ländern, um an sozialkritischen Themen wie Kinderehen in Indien oder Migration auf der Iberischen Halbinsel zu arbeiten. In Israel porträtierte sie vor einigen Jahren Überlebende des Holocaust, darunter die damals 91-jährige Judith Neumark im Kibbuz Geva (13. 3.).

www.helenaschaetzle.com

MARLENE PFAU

3. Woche

Marlene Pfau liebt es, als Fotografin Menschen kennenzulernen, die sie sonst nie treffen würde. Sie porträtiert zum Beispiel junge Mütter oder Männer auf Partnersuche (20. 3.), manchmal aber auch ihre eigene Mutter (21. 3.) beim Familientreffen in den Alpen. Pfau lebt in Berlin und im Allgäu.

www.marlenepfau.de

MARIA FECK

4. Woche

Maria Feck wohnt in Hamburg und reist für ihre Fotoreportagen um die halbe Welt. Einer ihrer Lieblingsorte aber liegt im benachbarten Niedersachsen: ein Biobauernhof mit fünf Kindern, die „eins sind mit der Natur und den Tieren, die sie umgeben" (26. 3. und 1. 4.).

www.mariafeck.de

DAVID KLAMMER

5. Woche

David Klammer geht als Fotograf (auch) dorthin, wo Meinungen aufeinanderprallen: In den von Aktivisten besetzten Hambacher Forst oder in den Tagebau Garzweiler während der Proteste um Lützerath (7. 4.). Für diesen Kalender ließ er sich selbst einmal von seiner Tochter ablichten (3. 4.).

www.davidklammer.com

EVELYN DRAGAN

6. Woche

Die Frankfurter Fotografin Evelyn Dragan hat ein Auge für die erhabene Schönheit des Flüchtigen. Den Bachlauf (9. 4.) fotografierte sie bei einem Winterspaziergang, die Abendlandschaft (12. 4.) nahm sie in der Toskana vom Flugzeug aus auf.

www.evelyndragan.com

CAROLINE SCHREER

7. Woche

Caroline Schreer ist freie Fotografin und lebt in Wuppertal. In ihren Bildern versucht sie, die Schönheit des Lebens in allen Facetten einzufangen. Ihre Motive findet sie auf ihren Reisen durch Europa, aber nicht selten auch vor der Haustür.

www.carolineschreer.de

TEXT- UND FOTONACHWEISE

1. WOCHE

Fotos: Doro Zinn, Texte: (5. 3.) Lutherbibel, revidiert 2017, © 2016 Deutsche Bibelgesellschaft, Stuttgart (6. 3.) Stefanie Schardien, © 2024 Gemeinschaftswerk der Evangelischen Publizistik gGmbH (GEP gGmbH), Frankfurt am Main (7. 3.) © Hanna Lucassen (8. 3.) Verf. unbekannt (9. 3.) Redaktion (10. 3.) Markus Fellinger, Publik-Forum, kritisch – christlich – unabhängig, Oberursel, Spiritletter (11. 3.) zitiert nach: Khalil Gibran, Der Prophet, Walter Verlag, Düsseldorf und Zürich 1973, 36. Auflage, S. 49

2. WOCHE

Fotos: Helena Schätzle, Texte: (12. 3.) Lutherbibel, revidiert 2017, © 2016 Deutsche Bibelgesellschaft, Stuttgart (13. 3.) Martin Vorländer, © 2024 Gemeinschaftswerk der Evangelischen Publizistik gGmbH (GEP gGmbH), Frankfurt am Main (14. 3.) © Marlies Fricke (15. 3.) Max Richard Leßmann, Liebe in Zeiten der Follower, © 2022, Verlag Kiepenheuer & Witsch GmbH & Co. KG, Köln (16. 3.) Redaktion (17. 3.) Erich Fried, Aufhebung, aus: Beunruhigungen. Gedichte, © 1984, 1997 Verlag Klaus Wagenbach, Berlin (18. 3.) Ines Geipel, aufgezeichnet von Cynthia Cornelius, ZEIT Magazin 37/2023

3. WOCHE

Fotos: Marlene Pfau, Texte: (19. 3.) Basisbibel © 2021 Deutsche Bibelgesellschaft, Stuttgart (20. 3.) Stefanie Schardien, © 2024 Gemeinschaftswerk der Evangelischen Publizistik gGmbH (GEP gGmbH), Frankfurt am Main (21. 3.) Franz Kafka, Tagebücher, Fischer Taschenbuch Verlag, Frankfurt am Main 2002, S. 866 (22. 3.) © chrismon (23. 3.) Redaktion (24. 3.) Paul Gerhardt, Evangelisches Gesangbuch, Nr. 302 (25. 3.) Das Beschwerdechorlied, www.frankfurterbeschwerdechor.de (letzter Zugriff 26. 7. 2024)

4. WOCHE

Fotos: Maria Feck, Texte: (26. 3.) Lutherbibel, revidiert 2017, © 2016 Deutsche Bibelgesellschaft, Stuttgart (27. 3.) Martin Vorländer, © 2024 Gemeinschaftswerk der Evangelischen Publizistik gGmbH (GEP gGmbH), Frankfurt am Main (28. 3.) Kristin Jahn, Rehtango. Gedichte, Edition Toni Pongratz, Hauzenberg 2020, S. 56 (29. 3.) Christo Foerster im Interview mit chrismon 4/21 (30. 3.) Redaktion (31. 3.) Übersetzung der hier veröffentlichten Fassung: www.uh.edu/~hwagan/pnl/fivefreedoms.pdf (letzter Zugriff 26.7.2024) (1. 4.) Wolfgang Schmidbauer, ZEIT Magazin 2/2024

5. WOCHE

Fotos: David Klammer, Texte: (2. 4.) Lutherbibel, revidiert 2017, © 2016 Deutsche Bibelgesellschaft, Stuttgart (3. 4.) Stefanie Schardien, © 2024 Gemeinschaftswerk der Evangelischen Publizistik gGmbH (GEP gGmbH), Frankfurt am Main (4. 4.) Jörg Müller, www.eingemischt.org/ein-gewitter-reinigt (letzter Zugriff 26.7.2024) (5. 4.) © Ernst R. Hauschka (6. 4.) Redaktion (7. 4.) Verf. unbekannt (8. 4.) Zitat aus dem Tagebuch der Anne Frank, Addendum vom 13. Februar 1944, Anne Frank Tagebuch. Einzig autorisierte und ergänzte Fassung Otto H. Frank und Mirjam Pressler. © 1991 by ANNE FRANK-Fonds, Basel. Alle Rechte vorbehalten S.Fischer Verlag GmbH, Frankfurt am Main

6. WOCHE

Fotos: Evelyn Dragan, Texte: (9. 4.) Lutherbibel, revidiert 2017, © 2016 Deutsche Bibelgesellschaft, Stuttgart (10. 4.) Martin Vorländer, © 2024 Gemeinschaftswerk der Evangelischen Publizistik gGmbH (GEP gGmbH), Frankfurt am Main (11. 4.) Das große Eugen Roth Buch, Carl Hanser Verlag München Wien, Sonderausgabe 1987, S. 59 (12. 4.) Christa Spilling-Nöker: Ausatmen. Aus: Hrsg. Martin Schmeißer, Monika und Andreas Pfeffer, © 1998 Verlag am Eschbach Verlagsgruppe Patmos in der Schwabenverlag AG, www.verlag-am-eschbach.de (13. 4.) Redaktion (14. 4.) Susanne Niemeyer, Fliegen lernen. Engelgeschichten aus der Bibel, edition chrismon in der Evangelischen Verlagsanstalt GmbH, Leipzig 2018, S. 6 (15. 4.) © Christina Brudereck, www.instagram.com/christinabrudereck (Eintrag vom 24. 2. 2023)

7. WOCHE

Fotos: Caroline Schreer, Texte: (16. 4.) Basisbibel, © 2021 Deutsche Bibelgesellschaft, Stuttgart (17. 4.) Martin Vorländer, © 2024 Gemeinschaftswerk der Evangelischen Publizistik gGmbH (GEP gGmbH), Frankfurt am Main (18. 4.) © Marina Szczecinski, Ein Mensch der trauert, in dies., Das Land hinterm Wind. Gedichte, Selbstverlag 1994, S. 26 (19. 4.) Redaktion (20. 4.) © Doris Reibert (21.4.) © Regina Giese

TITELFOTO:

Aleksandar Nakic/Getty Images

FOTO IM EDITORIAL:

Insa Hagemann

FOTO DES REDAKTIONSTEAMS:

Michael Apel

IMPRESSUM

VERLAG:
Evangelische Verlagsanstalt GmbH, Geschäftsführer Sebastian Knöfel, Blumenstraße 76, 04155 Leipzig,
Telefon: 0341/71141-0, E-Mail: info@eva-leipzig.de.
USt-IdNr.: DE141490545, Handelsregister des Amtsgerichtes Leipzig HRB 5482

FASTENAKTION „7 WOCHEN OHNE“
KONZEPT, REDAKTION UND DIENSTLEISTUNG:
Gemeinschaftswerk der Evangelischen Publizistik gGmbH (GEP gGmbH), Emil-von-Behring-Straße 3, 60439 Frankfurt am Main
Geschäftsführung: Direktorin Ariadne Klingbeil, Direktorin Stefanie Schardien
Einzelprokura: Bert G. Wegener
Aufsichtsratsvorsitzender: Kirchenpräsident Dr. Dr. h. c. Volker Jung
Telefon: 069/58098-0
www.gep.de

E-Mail: info@7-wochen-ohne.de
Internet: www.7-wochen-ohne.de
Leiterin der Geschäftsstelle von „7 Wochen Ohne“: Frauke Grothe
Botschafter der Fastenaktion: Landesbischof Ralf Meister
Kuratorium: Stefanie Schardien (Vorsitzende), Michael Birgden, Kristin Jahn, Henning Kiene, Sebastian Knöfel, Silke Niemeyer, Ursula Ott, Martin Schulte, Martin Vorländer
Textredaktion: Hanna Lucassen
Art-Direktion: Dirk Artes, Bildredaktion: Dorothee Hörstgen, Lena Uphoff, Grafik: Lena Gerlach-Perrot
Dokumentation und Schlussredaktion: Sabrina Kröll, Norma Schneider, Andrea Wicke (Leitung)
Lithografie: Gemeinschaftswerk der Evangelischen Publizistik gGmbH (GEP gGmbH)
Druck: Czech News Center a. s.

ISBN 978-3-96038-402-1
Bestellnummer: 208474

MIX
Paper | Supporting responsible forestry
FSC® C118148
FSC www.fsc.org